39
헤라클레스의 열두 가지 모험

주니어RHK

신화의 가치

신화는 한 민족의 기원이나 역사적 · 종교적 · 문화적 삶의 모습을 보여 주는 옛이야기입니다. 주로 신과 영웅에 관한 이야기가 많고, 오랫동안 입에서 입으로 전해 내려왔다는 특징이 있지요.

우리가 살펴볼 그리스 로마 신화는 고대 그리스와 로마에 전해 오는 신화와 전설을 한데 묶은 것입니다. 그리스 로마 신화는 고대의 삶을 엿보게 해 주는 문화유산일 뿐만 아니라, 세계 여러 나라의 문학과 미술에 큰 영향을 끼쳤습니다. 하지만 문화적 가치만큼이나 중요한 것이 또 있습니다. 오래된 옛이야기이면서도 거기에 담긴 교훈적 가치가 오늘날에도 여전히 쓸모 있고 중요하다는 사실입니다.

놀랍지 않나요? 수천 년 전의 이야기가 어떻게 과학 문명이 고도로 발달한 오늘날에도 통하는 것일까요? 그것은 바로 그리스 로마 신화에 나오는 신과 영웅의 모습이 오늘날 우리의 모습과 다르지 않기 때문입니다. 신들도 우리처럼 분노하고, 질투하고, 실수를 하지요. 그런 모습을 보면서 우리는 깔깔 웃거나 눈물을 흘리고, 교훈과 감동을 얻습니다. 우리가 그리스 로마 신화를 읽어야 하는 까닭이 바로 이것입니다.

신화의 세계로 떠날 여러분에게 한마디 덧붙이자면, 신화는 우리에게 끝없는 상상력을 요구한다는 점입니다. 신화 속에는 수많은 은유와 상징이 곳곳에 널려 있지요. 따라서 신화를 읽을 때에는 상상력을 최대한 발휘하여 신화 속에 숨겨진 의미를 찾고, 그것을 자기 나름대로 재해석하는 과정이 필요합니다. 이렇게 읽었을 때에야 비로소 여러분 앞에 놀라운 삶의 이야기가 펼쳐질 것입니다.

자, 그럼 흥미진진한 신화의 세계 속으로 함께 떠나 볼까요?

제우스가 인간인 여자와 낳은 자식 헤라클레스.
제우스의 아내 헤라는 헤라클레스를 괴롭히고, 모진 고난에 빠지게 합니다.
힘세고 용감한 헤라클레스는 이 모든 일들을 하나씩 극복해 나갑니다.
헤라클레스가 어떤 모험을 겪는지 함께 알아볼까요?

주요 등장인물

헤라

결혼의 신으로 올림포스의 여신들 가운데 가장 높은 신이에요. 헤라클레스를 미워해 미치게 하는 마법을 걸어 자식을 죽이게 만들어요.

아폴론

예언의 신이에요. 신전에 찾아온 사람들에게 앞날을 알려 주고 지혜를 나누어 주어요.

에우리스테우스

아르고스의 왕으로, 헤라클레스의 사촌이에요. 헤라클레스에게 여러 가지 힘든 일을 시켜요.

헤라클레스

신들의 왕인 제우스와 인간 여자인 알크메네 사이에서 태어났어요. 아버지를 닮아 힘이 세고 용감해요. 하지만 자식들을 죽인 죄를 갚으려고 여러 가지 힘든 일을 하게 돼요.

이올라오스

헤라클레스의 조카예요. 헤라클레스 곁에서 많이 도와주어요. 특히 히드라를 물리칠 때 큰 도움을 주어요.

1
헤라클레스가 저지른 잘못

헤라는 헤라클레스에게 마법을 걸었습니다.

헤라클레스를 미치게 만드는 마법이었습니다.

정신을 잃은 헤라클레스는 그만 자신의 아이들을 죽이고 말았습니다.

"아, 내 손으로 아이들을 죽이다니……."

갓 태어난 아기가 요람에 잠들어 있었습니다. 이때 독뱀 두 마리가 혀를 날름거리며 아이를 향해 다가갔습니다. 뱀이 아이를 물 것처럼 머리를 바짝 세우는 순간, 아기가 잠에서 깨어나 울음을 터뜨렸습니다.

아기는 눈물에 젖은 눈으로 뱀을 바라보았습니다. 그러더니 손을 뻗어 무서운 독뱀 두 마리를 움켜쥐었습니다. 뱀은 그대로 축 늘어져 버렸습니다. 아기는 방글방글 웃으며 다시 잠들었습니다.

이 아기의 이름이 바로 헤라클레스입니다.

헤라클레스는 신들의 왕인 제우스와 알크메네라는 여인 사이

에서 태어났습니다. 제우스의 아내 헤라는 남편과 다른 여자 사이에서 태어난 아이들을 미워했습니다. 갓 태어난 헤라클레스에게 뱀 두 마리를 보낸 것도 바로 헤라이지요. 하지만 헤라클레스는 아버지 제우스를 닮아 힘이 엄청나게 셌습니다.

헤라클레스는 하루가 다르게 자라 어느덧 키가 훌쩍 컸습니다. 헤라클레스가 열여덟이 되었을 때 큰 사자가 나타나 사람들을 괴롭히는 일이 일어났습니다. 헤라클레스는 그 사자를 죽이고, 돌아오는 길에는 이웃 나라에 침입한 적들도 물리쳤습니다. 이웃 나라 왕은 고마워하며 자신의 딸과 헤라클레스를 결혼시켜 주었습니다.

헤라클레스는 아내가 된 메가라와의 사이에서 여러 아이들을 낳았습니다. 아름다운 아내와 예쁜 아이들과 함께 헤라클레스는 하루하루 행복하게 지냈습니다. 그러나 헤라클레스가 행복한 것을 못마땅하게 여기는 이가 있었으니, 바로 헤라였습니다.

"네가 언제까지 웃고 행복할 수 있는지 한번 두고 볼까?"

헤라는 헤라클레스에게 마법을 걸었습니다. 헤라클레스는 갑자기 정신을 잃었다가 깨어나 손에 잡히는 것은 무엇이든 마구 부수었습니다. 그러더니 불행히도 자신의 아이들까지 죽이고 말았습니다. 헤라는 헤라클레스를 미치게 만드는 마법을 건 것입니다.

"아, 내 손으로 아이들을 죽이다니……."

정신을 차린 헤라클레스는 큰 소리로 울부짖었습니다. 그러나 죽은 아이들을 살릴 방법은 없었습니다. 헤라클레스는 눈물을 머금고 집에서 나왔습니다.

헤라클레스는 태양의 신 아폴론을 모시는 신전으로 갔습니다. 무릎을 꿇고 앉아 울면서 자신의 잘못을 빌었습니다.

"이 죄를 씻을 수만 있다면……."

뉘우치며 괴로워하는 모습을 본 아폴론은 헤라클레스에게 말했습니다.

"잘못을 저질렀으니 벌을 받아야 한다."

"무슨 벌이든 달게 받겠습니다."

"네 사촌인 에우리스테우스를 찾아가라. 그가 시키는 일을 모두 마치면 네 잘못도 용서받을 수 있다."

"알겠습니다."

"그 일을 모두 마친다면 너를 영원히 죽지 않는 사람으로 만들어 주겠다."

헤라클레스는 머리 숙여 아폴론에게 인사를 하고, 사촌 에우리스테우스를 만나러 갔습니다.

헤라클레스의 이름

'헤라클레스'라는 이름은 본래 그의 이름이 아니라고 해요. 헤라클레스는 헤라가 시키는 일을 하게 되기 때문에 아폴론이 헤라클레스에게 '헤라의 영광'이라는 뜻의 이름을 지어 주었지요. 원래는 알키데스, 혹은 알카이오스라는 이름을 갖고 있었어요. 그리스 어로 '힘'을 뜻하는 '알케'를 떠오르게 하는 이름이지요. 그는 헤라가 시킨 열두 가지 모험을 하면서 오늘날까지도 헤라클레스로 불리게 되었답니다.

에우리스테우스는 자신을 찾아 온 헤라클레스를 보고 깜짝 놀랐습니다. 자기보다 힘이 세고 용감한 헤라클레스를 내심 무서워하고 있었기 때문이지요. 하지만 헤라클레스가 자기 앞에 무릎을 꿇고 일을 시켜 달라고 하자 마음을 놓았습니다. 에우리스테우스는 곰곰 생각했습니다.

'그래! 아주 힘든 일만 골라서 시켜야겠군.'

"헤라클레스, 네가 해야 할 일은 열두 가지가 있다. 한 가지라도 빼놓으면 안 된다. 알겠느냐?"

헤라클레스는 말없이 고개를 끄덕였습니다.

2
네메아의 사자

헤라클레스는 사자의 가죽을 벗겨 몸에 두르고
사자의 머리는 투구처럼 썼습니다.
"이 사자의 가죽은 어떤 화살로도 뚫을 수 없을 테니
앞으로 큰 도움이 되겠군."

"네메아의 사자를 죽여라!"

에우리스테우스의 첫 번째 명령이었습니다. 그 사자는 네메아 땅에 사는 사람과 가축을 보이는 대로 먹어 치웠습니다. 네메아 사람들은 언제 사자가 나타날지 몰라 두려움에 벌벌 떨었습니다.

헤라클레스는 사자 따위는 조금도 두렵지 않았습니다. 자신의 잘못을 용서받기 위해서라면 그 어떤 일도 마다하지 않을 작정이었습니다.

헤라클레스는 사자가 살고 있다는 숲으로 가서 사자의 *흔적을

*흔적 무언가가 없어졌거나 지나간 뒤에 남은 자국이나 자취.

쫓았습니다. 한참을 걸어가니 사자가 사는 동굴이 나타났습니다. 동굴에는 입구가 두 개 있었습니다. 헤라클레스는 근처 *덤불에 숨어 사자를 기다렸습니다.

"사람들을 해치는 사자를 내가 반드시 없애고 말 테다."

헤라클레스는 두 주먹을 불끈 쥐었습니다.

*덤불 어수선하게 엉클어진 수풀.

밤이 깊어지자 마침내 저쪽에서 사자가 나타났습니다. 헤라클레스는 사자가 동굴 가까이 오기를 기다렸다가 사자 앞을 막아섰습니다. 사자가 입을 쩍 벌리고 으르렁거렸습니다. 헤라클레스는 지지 않고 큰 소리로 외쳤습니다.

"너 같은 짐승은 하나도 무섭지 않다. 어디 한번 싸워 볼까?"

사자가 달려들자, 헤라클레스는 재빨리 피하며 화살을 쏘았습니다. 화살은 사자의 몸 한가운데에 맞았습니다. 그런데 어찌된

일인지 그대로 튕겨 나왔습니다. 헤라클레스는 다시 활을 쏘았습니다. 이번에도 화살은 사자의 몸통에 맞았지만 상처를 입히지 못한 채 튕겨 나왔습니다.

'화살은 저 사자의 가죽을 뚫지 못하는군.'

사자가 덤벼들었습니다. 헤라클레스는 가까스로 발톱을 피하고는, 화살과 활을 바닥에 던지고 이번엔 올리브 나무를 깎아 만든 몽둥이를 들었습니다.

헤라클레스는 사자에게 몽둥이를 마구 휘둘렀습니다. 몽둥이에 세게 맞은 사자는 움찔했습니다. 그러나 그것도 잠깐이었습니다. 이내 기운을 차리고는 날카로운 이빨을 드러내며 으르렁거렸습니다.

"어흥!"

헤라클레스는 다시 몽둥이를 휘두르며 사자를 동굴로 몰았습니다.

"네가 아무리 사나워도 제우스 신의 아들인 나를 이길 수는 없을걸!"

사자는 발톱으로 땅을 긁으며 버텼지만 힘으로 몰아붙이는 헤라클레스를 당해 낼 수 없었습니다. 사자가 동굴로 들어가자 헤라클레스는 재빨리 바위를 움직여 한쪽 입구를 막았습니다. 그러고는 하나 남은 입구 앞에 서서 몽둥이를 들었습니다. 잠시 후 헤라클레스는 동굴에서 나와 달려드는 사자에게 몽둥이를 휘둘렀습니다.

사자는 물러섰다 공격하기를 되풀이했습니다. 마침내 헤라클레스도 무거운 몽둥이를 버렸습니다.

헤라클레스는 맨손으로 사자와 맞섰습니다. 사자가 다가오자 재빨리 사자의 등에 올라탔습니다. 사자가 온몸을 흔들어 댔지만 헤라클레스는 떨어지지 않았습니다. 사자의 힘이 빠졌을 무렵 헤라클레스는 두 손으로 사자의 목을 조였습니다. 그러자 사자가 고통스럽게 울부짖었습니다.

헤라클레스는 손에 더욱 힘을 주었습니다. 한참 후 마침내 사자가 몸을 축 늘어뜨렸습니다. 헤라클레스가 첫 번째 일을 무사히 마치는 순간이었습니다.

헤라클레스는 사자의 가죽을 벗겨 몸에 두르고 사자의 머리는 투구처럼 썼습니다.

"이 사자의 가죽은 어떤 화살로도 뚫을 수 없을 테니 앞으로 큰 도움이 되겠군."

헤라클레스는 사자의 발톱도 챙겼습니다. 사자의 가죽은 사자의 발톱이 아니면 벗겨 낼 수 없기 때문입니다.

사자와 싸우는 헤라클레스

〈헤라클레스와 네메아의 사자〉 발다사레 페루치

몰로르코스는 가난한 농부인데 네메아의 사자에게 아들을 잃었어요. 헤라클레스가 사자를 잡으러 나서자, 몰로르코스는 헤라클레스가 사자를 잡아 오면 숫양을 바치겠다고 했어요. 헤라클레스는 삼십 일이 지나도 자신이 돌아오지 않으면 그때 숫양을 바치라고 하고, 사자를 잡으러 갔어요. 삼십 일이 지나 몰로르코스가 숫양을 바치려는 순간 헤라클레스가 돌아왔고, 헤라클레스는 그 양을 아버지인 제우스에게 바쳤어요. 이후 네메아에서는 이 날을 기념해 해마다 특별한 경기를 열었다고 해요.

헤라클레스가 죽은 사자를 짊어지고 나타나자 에우리스테우스는 깜짝 놀랐습니다. 에우리스테우스는 멀찌감치 서서 이렇게 외쳤습니다.

"사자의 시체는 성문 앞에 두어라."

에우리스테우스는 힘센 헤라클레스가 성 안에 들어오지도 못하게 하고 두 번째 일을 알려 주었습니다.

"레르네의 히드라를 물리쳐라. 그것이 네가 해야 할 두 번째 일이다."

3
레르네 늪의 히드라

헤라클레스는 자신의 화살들을 모아
히드라가 흘린 피에 화살촉을 담갔습니다.
독이 강한 히드라의 피가 묻었으니
이 화살에 맞은 상대는 결코 살아남지 못할 것입니다.

히드라는 머리가 아홉 개나 달린 괴물이었습니다. 독을 머금은 입김을 마구 내뿜는데, 거기에 살짝 스치기만 해도 끙끙 앓다가 죽었습니다. 그래서 사람들은 히드라를 잡을 엄두도 못 냈습니다. 히드라는 마을을 누비며 마음껏 가축들을 잡아먹었습니다.

헤라클레스는 히드라가 사는 레르네 늪에 가서 히드라를 기다렸습니다. 새벽이 되자 드디어 히드라가 나타났습니다. 헤라클레스는 칼을 들고 뛰어나갔습니다.

"자, 네 녀석도 오늘로 끝이다!"

헤라클레스는 히드라의 입김에 닿지 않도록 조심하며, 머리 하나를 향해 칼을 휘둘렀습니다. 히드라의 머리는 단칼에 베여 땅에 떨어졌습니다.

'별것 아니군.'

하지만 그게 아니었습니다. 머리가 베인 자리에서 이내 두 개의 머리가 나왔습니다. 두 개의 머리를 모두 베었더니 이번에는 네 개가 되었습니다. 헤라클레스는 뒤로 물러섰습니다. 이대로는 히드라를 물리치기 어려웠습니다.

'이럴 수가……. 역시 만만한 놈이 아니었어. 뭔가 강력한 방법이 필요해.'

히드라의 머리

〈히드라를 죽이는 헤라클레스〉 알레산드로 알가르디

히드라는 헤라가 직접 기른 괴물이에요. 그런데 히드라의 머리가 정확히 몇 개였는지는 아무도 몰라요. 열 개가 안 된다고 말하는 이들도 있고, 백 개나 된다고 말하는 이들도 있지요. 또 괴물 머리가 아니라 사람 머리가 달려 있다는 이야기두 있어요. 헤라클레스가 히드라와 싸울 때 헤라는 헤라클레스를 방해하려고 거대한 게를 보냈어요. 하지만 그 게는 헤라클레스에게 밟혀 죽었지요.

며칠 뒤, 헤라클레스는 조카 이올라오스를 데리고 다시 레르네 늪으로 갔습니다. 이올라오스의 손에는 횃불이 들려 있었습니다.

헤라클레스를 본 히드라는 기다렸다는 듯 빠르게 다가왔습니다. 헤라클레스는 칼을 휘둘러 재빨리 머리 하나를 벤 뒤 외쳤습니다.

"이올라오스, 어서 불로 지져."

이올라오스는 머리가 잘린 자리를 횃불로 지졌습니다. 과연 그 방법은 효과가 있었습니다.

불로 지진 자리에서는 더 이상 새로운 머리가 생겨나지 않았습니다.

헤라클레스는 히드라의 입김을 피해 가며 힘차게 칼을 휘둘렀습니다. 머리를 베면 이올라오스가 재빨리 팔을 뻗어 그 자리를 횃불로 지졌습니다. 마침내 머리가 딱 한 개 남았습니다. 하지만 마지막 머리는 다른 머리와는 달랐습니다.

아무리 칼로 베고 불로 지져도 하나 남은 머리는 여전히 살아서 움직였습니다. 히드라는 더욱 사나운 기세로 입김을 뿜어댔습니다. 게다가 바짝 성이 나서 이올라오스에게 무섭게 달려들었습니다.

"안 돼!"

헤라클레스는 이올라오스를 구하려고 히드라를 뒤쫓았습니다. 그때 헤라클레스의 발목을 무언가가

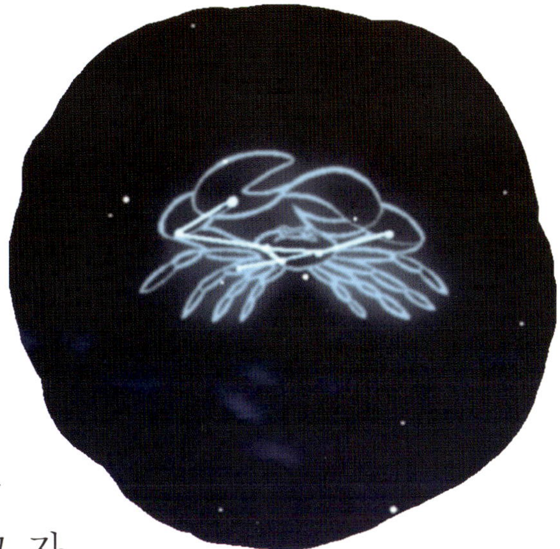

콱 물었습니다.

"으악! 이건 뭐야!"

거대한 집게발을 가진 게였습니다. 갑자기 나타난 그 게는 헤라가 보낸 것이었습니다. 헤라클레스는 칼을 휘둘러 집게발을 자르고, 게를 밟아 버렸습니다. 게는 그 자리에서 죽어 버렸고 하늘에 박혀 별자리가 되었답니다.

그 사이 이올라오스는 히드라의 공격을 받고 있었습니다.

헤라클레스는 칼을 집어던지고 바위 더미를 껴안았습니다. 헤라클레스는 온몸에 힘을 주며 바위 더미를 히드라 쪽으로 밀어젖혔습니다. 거대한 히드라보다도 훨씬 큰 바위 더미는 헤라클레스의 엄청난 힘에 밀려 콰콰광 무너지기 시작했습니다.

"어서 피해, 이올라오스!"

바위 더미는 순식간에 히드라를 덮쳤고, 이올라오스는 재빨리 몸을 날렸습니다.

헤라클레스는 바위에 맞아 꿈틀거리는 히드라의 머리를 땅에 묻었습니다. 그러고는 다시 밖으로 나오지 못 하도록 커다란 바위로 눌렀습니다.

드디어 히드라의 숨이 끊어졌는지 눌러 놓은 바위가 더 이상 요동치지 않았습니다. 이렇게 헤라클레스는 두 번째 일도 무사히 마쳤습니다.

헤라클레스는 자신의 화살들을 모아 히드라가 흘린 피에 화살촉을 담갔습니다. 독이 강한 히드라의 피가 묻었으니 이 화살에 맞은 상대는 결코 살아남지 못할 것입니다.

이로써 헤라클레스는 훌륭한 무기를 하나 더 얻은 셈이었습니다.

4
아르테미스 여신의 사슴

그 사슴은 어찌나 빠른지 도저히 따라잡을 수 없었습니다.

헤라클레스는 땀을 뻘뻘 흘리며

온 힘을 다해 사슴을 쫓았습니다.

에우리스테우스가 시킨 세 번째 일은 아르테미스 여신의 사슴을 산 채로 잡아 오는 것이었습니다. 헤라클레스는 생각했습니다.

'사슴을 잡아 오라고? 아무래도 이번 일은 쉽겠는걸.'

하지만 그게 아니었습니다. 그 사슴은 어찌나 빠른지 도저히 따라잡을 수 없었습니다. 헤라클레스는 땀을 뻘뻘 흘리며 온 힘을 다해 사슴을 쫓았습니다. 하루, 이틀이 지나고 한 달, 두 달이 지났습니다. 하지만 한 해가 다 가도록 헤라클레스는 사슴을 잡지 못하고 계속 달리기만 했습니다. 그나마 다행인 것은 쫓기는 사슴이 슬슬 지친 모습을 보인다는 것이었습니다.

"헉헉, 이제야 지치느냐?"

힘이 빠져 조금씩 느려진 사슴이 강을 건널 때 헤라클레스는 화살을 쏘았습니다. 결국 사슴은 그 자리에서 쓰러졌습니다.

아르테미스 여신의 사슴

원래 아르테미스에게는 다섯 마리의 신성한 사슴이 있었어요. 아르테미스는 그중 네 마리를 자신의 마차를 끄는 데 사용했지요. 그리고 마지막 한 마리는 헤라 여신의 명령에 따라 숲에 풀어 놓았지요. 그런데 이 사슴에도 숨겨진 이야기가 있어요. 제우스의 유혹을 피하려고 사슴으로 변한 님프 타이게테가 아르테미스의 도움으로 다시 사람이 된 뒤에, 아르테미스에게 감사의 선물로 바친 거라고 해요.

그런데 일은 거기서 끝난 것이 아니었습니다. 아르테미스 여신이 헤라클레스의 앞을 막아섰습니다.

“그 사슴은 내 것이다. 감히 여신의 사슴에 손을 대다니 그냥 두지 않겠다.”

헤라클레스는 공손하게 말했습니다.

“사실은 에우리스테우스가 시켜서 한 일입니다. 에우리스테우스에게 보여 주고 나서 사슴을 돌려 드리겠습니다.”

아르테미스는 솔직하게 말하는 헤라클레스가 마음에 들었습니다. 그래서 헤라클레스가 사슴을 가져가도록 허락했습니다. 이렇게 해서 세 번째 일도 무사히 마치게 되었습니다.

5
괴물 멧돼지와 축사 청소

헤라클레스는 멧돼지가 머무는 동굴 앞으로 가서 소리를 질렀습니다.

그러자 멧돼지가 어슬렁어슬렁 밖으로 나왔습니다.

헤라클레스는 그때를 놓치지 않고 덤벼들었습니다.

“에리만토스 산에 사는 괴물 멧돼지를 산 채로 잡아 와라!”

이것이 네 번째 일이었습니다. 헤라클레스는 마음을 단단히 먹었습니다.

헤라클레스는 멧돼지가 머무는 동굴 앞으로 가서 소리를 질렀습니다. 그러자 멧돼지가 어슬렁어슬렁 밖으로 나왔습니다. 헤라클레스는 그때를 놓치지 않고 덤벼들었습니다. 헤라클레스가 덤벼들자 멧돼지는 도망쳤습니다.

헤라클레스는 멧돼지가 지칠 때까지 뒤쫓았습니다. 멧돼지는 마침내 힘이 빠져 멈추었습니다.

헤라클레스는 주먹과 발로 멧돼지를 쳐서 잡았습니다.

멧돼지를 사로잡은 헤라클레스는 에우리스테우스가 시킨 네 번째 일도 무사히 해내고는 다섯 번째 일을 하려고 다시 길을 떠났습니다.

"아우게이아스 왕에게는 삼천 마리의 황소가 있다. 그런데 왕이 게을러 도무지 *축사를 청소하지 않는다. 그 바람에 그 축사는 이 세상에서 가장 더러운 곳이 되었지. 그곳을 깨끗하게 치우는 게 너의 일이다."

축사에 도착한 헤라클레스는 손으로 코를 틀어쥐었습니다. 삼천 마리나 되는 황소들의 똥과 흙먼지가 쌓여 눈 뜨고 볼 수 없을 정도였습니다.

헤라클레스는 아우게이아스 왕에게 갔습니다.

"축사를 청소할 테니 저한테 황소 삼백 마리를 주십시오."

아우게이아스 왕은 청소를 해 준다는 말에 솔깃했습니다.

*축사 가축을 기르는 건물.

"알았다. 청소나 깨끗이 해 다오."

축사 옆에는 알페이오스 강과 페네이오스 강이 흐르고 있었습니다. 헤라클레스는 소들을 밖으로 내몬 뒤, 강둑을 터서 강물이 축사 안으로 흐르게 했습니다.

물줄기가 쏴아 하고 쏟아져 들어오자 삼십 년 동안 쌓인 지저분한 것들이 한꺼번에 씻겨 나갔습니다.

"이제 청소를 마쳤으니 약속한 황소를 주십시오."

하지만 왕은 고개를 흔들었습니다.

"내가 알아보니 자네는 에우리스테우스의 명령을 받아 이 일을 했더군. 그러니까 약속은 처음부터 잘못된 것일세. 아무것도 줄 수 없어!"

헤라클레스가 따졌지만 왕은 꿈쩍도 하지 않았습니다. 헤라클레스는 빈손으로 떠나며 그 모욕을 가슴에 담아 두었습니다.

6
식인 새와 크레타의 황소

한참이 지나자 황소도 지쳤는지 점점 움직임이 둔해졌습니다.

“바로 지금이다.”

헤라클레스는 황소의 뿔을 움켜잡았습니다.

"스팀팔로스 호수의 숲에 사는 식인 새를 물리쳐라!"

에우리스테우스가 시킨 여섯 번째 일이었습니다. 그 식인 새는 처음엔 수가 많지 않았지만 순식간에 엄청나게 불어났습니다. 식인 새는 단단한 청동 날개로 날며, 농작물을 마구 먹어 치웠습니다. 또 깃털을 화살처럼 쏘아 사람까지 공격했습니다.

헤라클레스는 스팀팔로스 호숫가에 도착해 새들을 찾기 시작했지만 식인 새는 보이지 않았습니다.

"음, 내가 온 것을 알아채고 숨어 있군. 하지만 숲까지 들어갔다간 곧 덤벼들 텐데……."

헤라클레스는 고민에 빠졌습니다. 혼자서 해결하기는 힘들어 보였습니다. 헤라클레스는 지혜의 여신 아테나에게 도움을 청했습니다.

"헤라클레스도 해결 못 하는 일이 있구나. 그렇다면 내가 지혜를 빌려 주지."

아테나는 청동으로 된 꽹과리를 헤라클레스에게 주었습니다.

헤라클레스는 꽹과리를 들고 호숫가에 섰습니다. 그러고는 온 힘을 다해 꽹과리를 두드렸습니다.

꽹꽹꽹…….

시끄러운 소리가 쩌렁쩌렁하게 울려 퍼졌습니다. 깊은 숲 속에 숨어 있던 식인 새들이 그 소리를 견디지 못 하고 하늘로 날아올랐습니다. 식인 새들이 우짖는 소리가 하늘을 가득 채웠습니다.

헤라클레스는 새들을 겨냥해 화살을 쏘았습니다. 히드라의 피에 화살촉을 담근 바로 그 화살이었습니다. 화살에 맞은 청동 부리와 청동 발톱을 지닌 식인 새들이 후두둑 떨어졌습니다.

아테나 여신의 도움으로 식인 새를 물리치는 일도 무사히 끝났습니다. 헤라클레스는 두 손을 모아 아테나 여신에게 감사 인사를 올렸습니다.

헤라클레스는 에우리스테우스가 시킨 여섯 번째 일도 무사히 해냈습니다.

헤라클레스는 이제 크레타로 갔습니다. 크레타의 황소를 잡아 오라는 일곱 번째 일을 하기 위해서였습니다.

크레타의 황소는 난폭하고 사람들을 괴롭히는 것으로 유명했습니다. 화가 나면 코에서 불을 내뿜어 사방을 불태웠습니다.

그런데 이 황소가 처음부터 난폭했던 것은 아닙니다. 크레타의 미노스 왕은 포세이돈에게 바쳐야 할

흰 소를 바치지 않고 몰래 다른 소를 바친 적이 있습니다. 그 사실을 모를 리 없는 포세이돈은 화가 머리끝까지 났었지요.

포세이돈은 크레타의 왕비가 사람 몸에 소 머리를 가진 괴물 미노타우로스를 낳도록 벌을 내렸습니다. 또 원래의 흰 소도 사나운 황소로 만들어 버렸습니다.

소를 닮은 괴물 미노타우로스

미노스 왕은 다이달로스를 시켜 거대한 미궁을 짓게 하고 그 안에 비노타우로스를 가두었어요. 복잡한 미로로 된 그곳에 발을 디디면 누구도 빠져나올 수 없었지요. 미노스 왕은 이웃 나라인 아테나이의 젊은이들을 제물로 받아 미노타우로스의 먹이로 주었어요. 이때 미노타우로스를 죽인 사림이 대세우스에요. 테세우스는 실타래를 굴리며 미궁 안으로 들어가 미노타우로스를 죽이고, 실을 따라 밖으로 빠져나왔답니다.

크레타 섬에 도착한 헤라클레스는 황소가 *난동을 부리는 것을 멀찍이 떨어져 지켜보았습니다. 그러고 얼마 뒤, 황소에게 몰래 다가가 등에 올라탔습니다.

황소는 온몸을 뒤틀며 날뛰었습니다. 그러나 등에 붙은 것이 떨어지지 않자 코에서 불을 내뿜었습니다. 헤라클레스는 요리조리 황소의 공격을 피했습니다.

그렇게 한참이 지나자 황소도 지쳤는지 점점 움직임이 둔해졌

*난동 질서를 어지럽히며 마구 행동함. 또는 그런 행동.

습니다.

“바로 지금이다.”

헤라클레스는 황소의 뿔을 움켜잡았습니다. 황소는 무섭게 날뛰었지만 힘이 어마어마하게 센 헤라클레스를 떨어뜨리지는 못했습니다.

얼마 뒤 황소는 그 자리에 쓰러졌습니다. 헤라클레스는 황소의 입과 다리를 묶어 어깨에 짊어졌습니다. 그러고는 휘파람을 불며 크레타 섬을 떠났습니다.

OLYMPUS GUARDIAN

신화 뒷이야기

헤라클레스는 그리스 신화에 등장하는 여러 인물 중에서도 특히 사랑 받는 인물입니다. 그래서 문학이나 음악, 그림에 자주 등장하지요. 그저 힘센 영웅이라서 사랑 받는 것은 아닙니다. 자신의 죗값을 치르기 위해 어려운 일들을 꿋꿋이 해냈다는 점에서 많은 사람들의 사랑을 받지요.

헤라클레스는 제우스 신과 인간인 알크메네 사이에서 태어났습니다. 이 때문에 헤라 여신에게 무척 미움을 받았습니다. 제우스의 자식으로 태어난 것이 헤라클레스의 잘못은 아니지만, 헤라의 저주를 받아 자신의 아이들을 죽이는 크나큰 죄를 저지릅니다.

보통 사람 같으면 신을 원망하는 것으로 끝나거나, 슬픔과 괴로움에 사로잡혀 자신의 몸과 마음을 망가뜨렸을지도 모릅니다. 하지만 헤라클레스는 죗값을 치르고 용서받기 위해 어떤 어려운 일도 마다하지 않고 해냅니다.

제우스의 아들로 태어났으면서도 보통 사람들보다 더 힘든 일을 겪은 헤라클레스는 고통 속에서도 좌절하지 않았습니다. 바로 이런 점들이 사람들에게 힘을 주는 것입니다.

'그토록 힘든 일을 겪은 헤라클레스도 당당히 살아남아 죗값을 치렀다. 그러니 우리도 기운을 내어 힘든 일에 맞서야 한다!'

이런 교훈은 어떤 시대이든 사람들에게 꼭 필요합니다. 헤라클레스는 아주 오래된 옛날이야기에 등장하는 인물이지만, 그의 삶은 오늘날 우리에게도 좋은 교훈을 줍니다.

올림포스 신들의 계보

크로노스 + 레아
하데스
지하 세계의 왕
포세이돈
바다의 신
제우스
신들의 왕
헤라
신들의 여왕, 제우스의 아내
헤스티아
난로 · 불의 여신
데메테르
대지의 여신
아테나
지혜 · 전쟁의 여신
제우스 + 메티스
아폴론
의술 · 음악의 신
제우스 + 레토
아르테미스
사냥 · 순결의 여신
아스클레피오스
의술의 신
아레스
전쟁의 신
제우스 + 헤라
헤파이스토스
대장간의 신
제우스 + 디오네
아프로디테
헤파이스토스의 아내, 미의 여신
에로스
사랑의 신
헤르메스
신들의 전령, 상업의 신
제우스 + 마이아
디오니소스
술의 신
제우스 + 세멜레
페르세포네
하데스의 아내 지하 세계의 여왕
제우스 + 데메테르

⚜ 그리스 로마 신화 주요 인물의 이름 ⚜

그리스 어	로마 어	영어
가이아	텔루스	
니케	빅토리아	나이키, 빅토리
데메테르	케레스	세레스
디오니소스	바쿠스	바커스
레아	키벨레	시벨레
아레스	마르스	마스
아르테미스	디아나	다이애나
아테나	아테네, 미네르바	
아폴론	아폴로	아폴로
아프로디테	베누스	비너스
에로스	쿠피드, 아모르	큐피드
오디세우스	울릭세스	율리시스
우라노스	카일루스	유러너스
제우스	유피테르	주피터
크로노스	사투르누스	새턴
페르세포네	프로세르피나	
포세이돈	넵투누스	넵튠
하데스	플루톤	플루토
헤라	유노	주노
헤라클레스	헤르쿨레스	허큘리스
헤르메스	메르쿠리우스	머큐리
헤스티아	베스타	
헤파이스토스	불카누스	벌컨

그리스 로마 신화 올림포스 가디언 39

헤라클레스의 열두 가지 모험

펴낸이 양원석
펴낸곳 (주)알에이치코리아
등록 2004년 1월 15일 제2-3726호
주소 서울특별시 금천구 가산디지털2로 53, 20층 (한라시그마밸리)
문의전화 02)6443-8800

ISBN 978-89-255-4409-0(74800)
ISBN 978-89-255-4354-3(세트)

값 12,800원

원작 : 만화로 보는 그리스 로마 신화(가나출판사)
이광진 엮음, 홍은영 그림
명화 구입처 유로크레온(주)